O MUNDO DO
PTERODÁTILO

O mundo do pterodátilo
Os editores da Catapulta
Título original: *El mundo del pterodáctilo*

Primeira edição.

Catapulta

R. Passadena, 102
Parque Industrial San José
CEP: 06715-864 – Cotia – São Paulo
infobr@catapulta.net
catapulta.net

Coordenação editorial: Florencia Carrizo
Textos: Sebastián Rozadilla
Edição: Laura Obredor e Camila Ponturo
Design e diagramação: Pablo Ayala
Ilustrações: Diego Barletta
Tradução: Fabiana Teixeira Lima
Revisão: Marcela Batista

Créditos das imagens: p. 56

ISBN 978-65-5551-195-6

Impresso no Brasil em maio de 2025.

O Mundo do pterodátilo / [Editores da Catapulta ; ilustrações Diego Barletta ; tradução Fabiana Teixeira Lima]. -- 1. ed. -- Cotia, SP : Catapulta, 2025.

Título original: El mundo del pterodáctilo
ISBN 978-65-5551-195-6

1. Pterossauro - Literatura infantojuvenil
I. Barletta, Diego.

25-270449 CDD-028.5

Índices para catálogo sistemático:
1. Pterossauro : Literatura infantil 028.5
2. Pterossauro : Literatura infantojuvenil 028.5
Cibele Maria Dias - Bibliotecária - CRB-8/9427

O MUNDO DO PTERODÁTILO

Catapulta
junior

SUMÁRIO

O IMPERADOR DOS CÉUS

Durante o Jurássico, de forma inesperada, surgiu uma criatura impressionante, que parecia dominar os céus. Seu voo era tão imponente e veloz que sua sombra, ao ser projetada no chão, fazia com que parecesse gigante e, desse modo, causasse temor nos outros animais. Era o pterodátilo, o imperador dos céus jurássicos, um especialista das alturas que planava com destreza sobre terras e mares.

Suas asas, estendidas como um manto suave, pareciam desenhadas para abraçar e atravessar as nuvens e o vento, enquanto seu focinho com dentes era uma ferramenta precisa para capturar suas presas.

Seu voo provavelmente era algo impressionante, pois até o período Jurássico apenas alguns animais de seu grupo tinham essa habilidade, além de pequenos insetos.

Mas, assim como ocorreu com os dinossauros e muitos outros seres que habitaram o planeta, aconteceu algo que pôs fim à vida desse réptil. Embora não tenha sido a queda do grande meteorito – o que ocorreria milhões de anos depois –, ainda assim, seja lá o que tenha acontecido, não conseguiu apagar completamente a existência do pterodátilo. Ele ainda sobrevive nos fósseis e nos revela a vida do passado, convidando-nos a imaginar os tempos em que os céus lhe pertenciam.

O TEMPO
DO PTERODÁTILO

EM QUE PERÍODO ELE VIVEU?

O pterodátilo habitou nosso planeta há mais de 145 milhões de anos, a metade de um longo período em que os répteis dominavam o mar, a terra e o céu. Esse planeta era muito diferente do que conhecemos hoje.

O MESOZOICO

Essa era começou há 250 milhões de anos e terminou com o impacto de um enorme meteorito há cerca de 66 milhões de anos. Durante todo esse tempo, nosso planeta foi mudando, assim como suas paisagens, sua vegetação e seus animais. Nessa época também viveram algumas das espécies mais espetaculares, como os dinossauros, os plesiossauros, os crocodilos, as tartarugas, as serpentes e os pterossauros. Esse período em que os mares, os céus e a terra eram habitados por essas espécies é conhecido como a era dos répteis. Para auxiliar nos estudos, a era Mesozoica foi dividida em três períodos: Triássico, Jurássico e Cretáceo. O pterodátilo viveu durante o Jurássico, mas vamos saber o que aconteceu em cada um desses períodos para entender melhor como era o planeta e quem o habitava.

Triássico: teve início há 250 milhões de anos e terminou há 200 milhões de anos. A Terra tinha um grande continente chamado Pangeia, que estava rodeado por um imenso oceano conhecido como Pantalassa. Os diferentes grupos de répteis habitavam toda essa enorme extensão de terra.

Jurássico: começou há 200 milhões de anos e terminou há 145 milhões de anos. Nesse período, a Pangeia começou a se fragmentar para formar dois continentes: Gondwana, ao sul, e Laurásia, ao norte. Nesse último continente, o pterodátilo viveu até desaparecer, próximo do fim desse período. No entanto, o grupo ao qual ele pertence – os pterossauros – continuou evoluindo.

Cretáceo: iniciou há 145 milhões de anos e terminou há 66 milhões de anos. Os continentes adquiriram, pouco a pouco, a forma que têm na atualidade. Apareceram as plantas com flores, e os pterossauros atingiram sua maior diversidade. Esse período culminou com a queda do meteorito que provocou a extinção dos dinossauros e dos pterossauros.

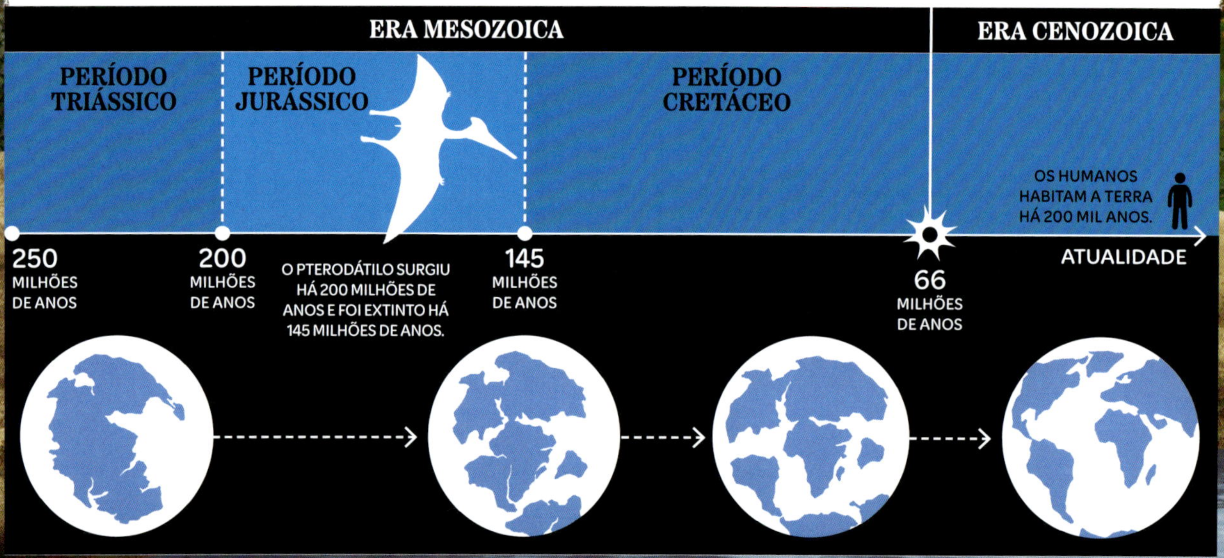

JURÁSSICO: O TEMPO DO PTERODÁTILO

O mundo era muito diferente do que conhecemos hoje. Estava repleto de grandes florestas, mares e céus cheios de vida.

Os animais que reinavam na Terra eram os dinossauros. Alguns eram gigantes, como o diplodoco, que tinha um pescoço longuíssimo para alcançar as copas das árvores e assim se alimentar. Outros eram mais rápidos, como o alossauro, que andava sobre as duas patas traseiras e tinha dentes grandes e afiados para caçar suas presas num instante.

Os dinossauros não eram os únicos que dominavam o planeta. Havia um animal em especial pertencente ao primeiro grupo de répteis que tinha a capacidade de voar e assim conquistar os céus: o pterodátilo. Um animal extraordinário, que faz parte da família dos pterossauros e que vamos conhecer ao longo das páginas deste livro.

Naquele tempo, também surgiram os primeiros mamíferos, embora fossem muito pequenos, como o *Argentoconodon*, que planava entre os galhos das árvores.

O mundo jurássico foi tão fascinante que até foram feitos filmes para retratar as espécies mais incríveis do período.

Para estudar melhor esse período, o Jurássico foi subdividido em três partes: o **Jurássico Inferior**, que começou há 201 milhões de anos e terminou há 174 milhões de anos; o **Jurássico Médio**, que teve seu fim há 161 milhões de anos; e o **Jurássico Superior**, que finalizou há 143 milhões de anos.

A TRANSFORMAÇÃO DA TERRA

A cada dia vemos o amanhecer, que nos traz sua luz nascente, o brilho do meio-dia, que vai diminuindo durante a tarde, até o manto da noite cobrir tudo.

No entanto, esse ciclo nem sempre acontece com a mesma tranquilidade, mesmo parecendo tão constante.

Na superfície terrestre ocorrem mudanças e transformações. De uma hora para outra, um terremoto faz o chão tremer ou um vulcão entra em erupção e cobre o terreno de lava. Consequentemente, modifica-se a paisagem de forma irreconhecível.

A Terra está em constante mudança. Alguns desses processos são imediatos, como os que mencionamos antes; outros, porém, acontecem com tanta lentidão que precisam de milhões de anos para se tornarem perceptíveis, como a separação ou o deslocamento dos continentes.

Sob o oceano existem vulcões que, ao entrar em erupção, espalham a lava. Quando ela esfria e endurece, dá origem a novos territórios. Foi assim que se formaram as ilhas que hoje fazem parte do Havaí.

POR QUE OS CONTINENTES SE SEPARAM OU SE FORMAM MONTANHAS

O planeta Terra é formado por três camadas, como se fosse uma cebola. Em seu centro está o **núcleo**, a parte mais densa e quente. Depois vem o **manto**, que está composto de magma, uma rocha líquida muito, mas muito quente. Por fim, a **crosta terrestre**, que é a camada mais fina e superficial, onde a vida se desenvolve.

A crosta terrestre, por sua vez, é dividida em partes, como se fossem peças de um quebra-cabeça, chamadas **placas tectônicas**. Essas placas flutuam sobre o manto, que é fluido, o que faz com que elas se desloquem lentamente. Por isso, enquanto algumas placas se afastam, outras podem colidir.

É assim que, ao longo de milhões de anos, os continentes se movem muito lentamente, se separam ou se juntam. Além disso, surgem novas paisagens, como montanhas ou, como vimos na página anterior, novas ilhas no mar.

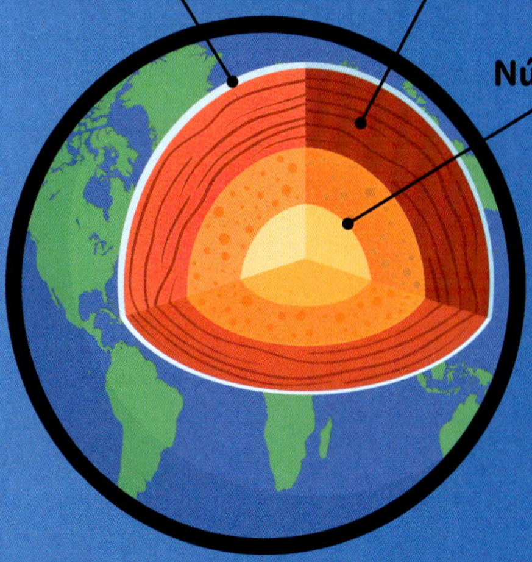

Movimento das placas

1) Divergência

2) Convergência

3) Transcorrência

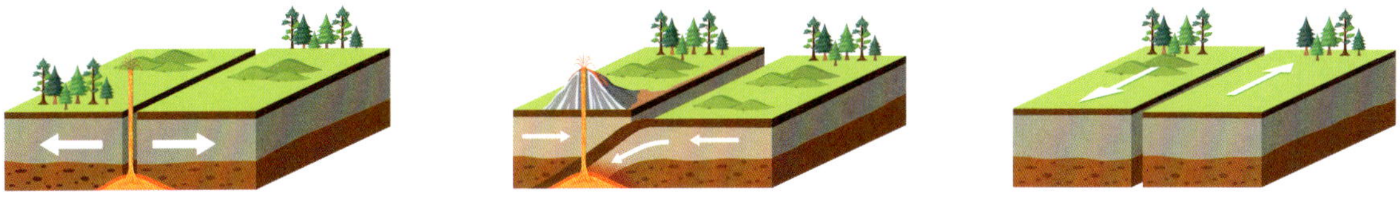

Recebe o nome de **divergência** (1) o processo em que as bordas das placas tectônicas se afastam umas das outras. Foi assim que os continentes se dividiram em porções menores de terra. Do ponto onde as placas se separam, o magma que está no manto emerge das profundezas e, ao esfriar, forma uma nova crosta terrestre.

O processo em que as placas tectônicas colidem entre si é chamado **convergência** (2). A placa mais fina mergulha sob a mais resistente, que se dobra e forma as cadeias montanhosas. Foi assim que se formaram a Cordilheira dos Andes e a Cordilheira do Himalaia.

O processo em que as placas tectônicas não se separam nem colidem, mas se deslocam paralelamente em direções opostas, é denominado **transcorrência** (3). Um dos exemplos mais conhecidos é a falha de San Andreas, na América do Norte.

Todos esses movimentos da superfície terrestre dão origem aos terremotos. Além disso, no caso dos movimentos convergentes, quando ocorrem no fundo do mar, podem causar tsunamis, que são as ondas gigantes.

OS CONTINENTES NO FIM DO JURÁSSICO

No período Jurássico, ocorreu um dos processos mais impressionantes da geografia mundial: a Pangeia, um grande continente que abarcava todas as terras emersas em um único território, começou a se fragmentar. Ao longo de milhões de anos, o grande mar de Tétis começou a dividir a Terra em dois supercontinentes: Laurásia, ao norte, e Gondwana, ao sul. No fim da era dos dinossauros, a Laurásia se dividiu, dando origem às atuais América do Norte, Europa e grande parte da Ásia. Por sua vez, Gondwana se fragmentou para formar a América do Sul, África, Antártida, Índia e Oceania.

Esta separação dos continentes que ocorreu no Jurássico fez com que os animais e a vegetação do norte fossem diferentes dos do sul. O pterodátilo viveu na parte central da Laurásia, enquanto outros membros da família dos pterossauros, como o *Allkaruen*, viveram em Gondwana.

O CLIMA DO JURÁSSICO

A Pangeia era um grande continente, com ambientes muito quentes e secos em seu centro. Mas, à medida que se fragmentou em Laurásia e Gondwana, essa mudança impactou o clima. Por isso, o Jurássico foi um período muito mais úmido e com maior diversidade de ambientes que o Triássico. Comparado ao mundo de hoje, o Jurássico era mais quente, com florestas próximas aos polos e sem regiões de gelo. Mais ao centro, havia ambientes mais secos, como estepes e desertos. No entanto, ao longo desse período, houve várias quedas na temperatura global, até mesmo uma pequena era glacial, o que fez a temperatura diminuir e o clima ficar mais frio. O pterodátilo viveu em um desses períodos um pouco mais frescos, que durou até o início do período Cretáceo.

Quais continentes hoje estão separados, mas na época do pterodátilo estavam unidos?

Quais continentes atuais faziam parte da Laurásia?

Se você comparar o mapa da página anterior com um planisfério atual, em qual continente o pterodátilo vivia? Esse território manteve sua forma?

Que oceanos existiam no Jurássico e quais existem hoje?

A VEGETAÇÃO E OS PEQUENOS ANIMAIS JURÁSSICOS

O Jurássico foi um período de florestas úmidas, grandes e densas, repletas de coníferas de todo tipo, parecidas com os pinheiros e as araucárias atuais. Havia também outras espécies de árvores e samambaias. Muitas delas já não existem mais, como as *Bennettitales*, que se pareciam com palmeiras baixas e tinham folhas enormes em forma de fita.

Nessa vegetação jurássica, não viviam apenas enormes répteis que perambulavam pela terra e pelos oceanos, mas também muitas criaturas pequenas, como besouros e libélulas. Nos rios e lagoas, havia peixes de todas as formas e tamanhos, além de tartarugas e crocodilos. Nos galhos das árvores e nas tocas subterrâneas, viviam pequenos mamíferos peludos, parecidos com esquilos e ratos. Entre os pequenos habitantes do Jurássico, o pterodátilo era o rei dos céus.

OS AMBIENTES DO JURÁSSICO

Nas florestas havia árvores semelhantes aos pinheiros e às araucárias atuais. Também existia grande variedade de *ginkgos*, embora hoje reste apenas uma única espécie dessa árvore de grande porte, que podemos ver em alguns jardins e praças.

Entre a vegetação, havia diferentes tipos de samambaias. Algumas tinham o mesmo tamanho das que existem hoje, mas outras podiam ser tão altas quanto uma palmeira.

O *Argentoconodon* era um pequeno mamífero de 20 cm que planava entre os galhos das árvores. Seu corpo tinha um patágio de pele conectando os braços e as pernas, que se estendia e ajudava a conter sua queda.

No Jurássico, ainda não existiam flores. Foi preciso passar cerca de 20 milhões de anos até iniciar o período Cretáceo, quando surgiram as primeiras plantas com flores, embora bem diferentes das que conhecemos hoje.

Nesse período de 56 milhões de anos, apareceram os primeiros sapos e rãs que cantavam nas lagoas, como a *Notobatrachus*, que também vivia na água, mas respirava ar para sobreviver, como as espécies atuais.

O pterodátilo e o grupo ao qual pertencia, os pterossauros, conquistaram os céus milhões de anos antes das aves. Como será que era vê-lo voar entre as nuvens?

O PTERODÁTILO E OUTROS ANIMAIS JURÁSSICOS

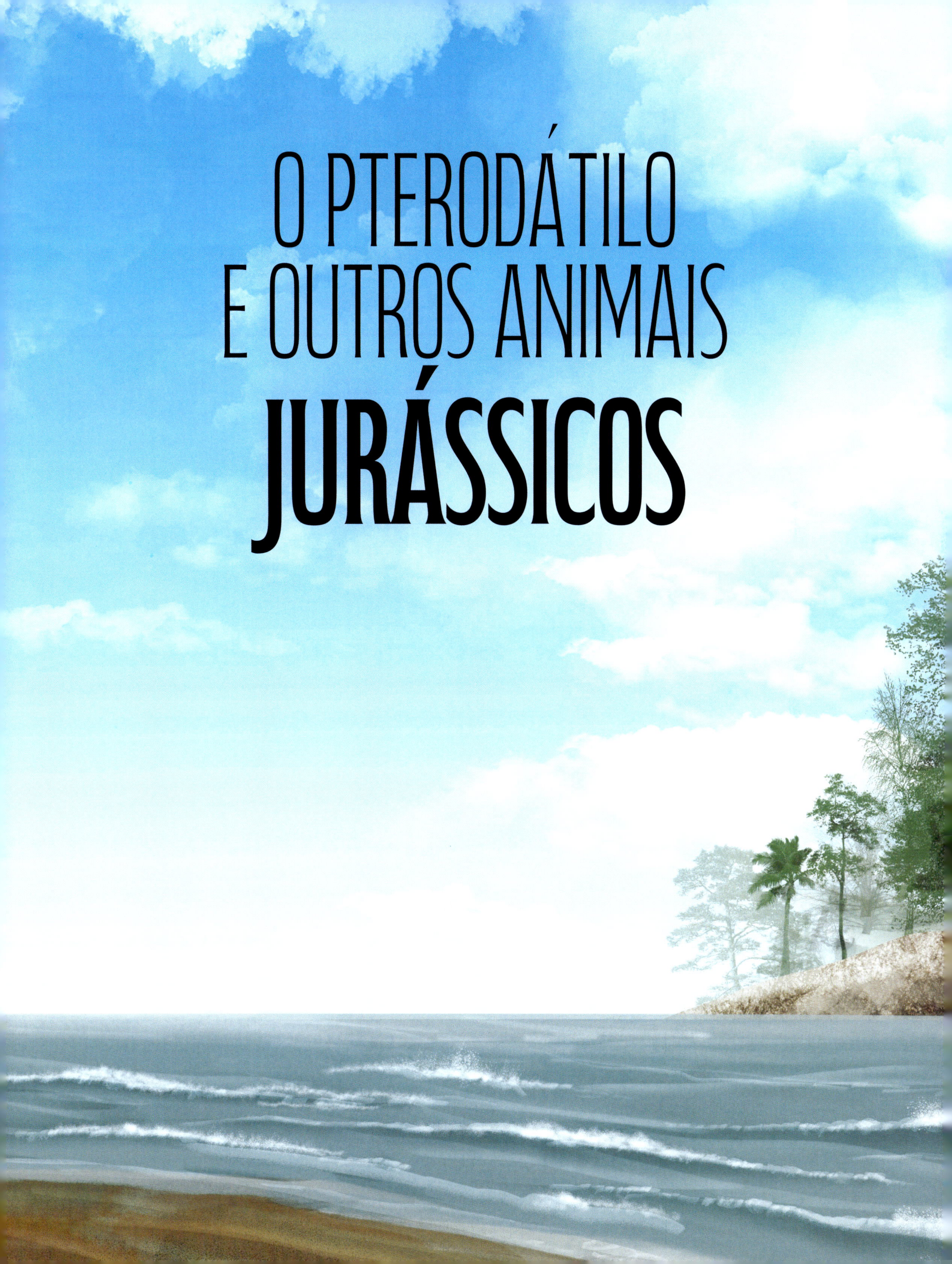

O PRIMEIRO VOADOR DO JURÁSSICO

Antes que a humanidade tivesse desenterrado o primeiro dinossauro, conhecemos o pterodátilo, uma criatura jamais vista até então.

Felizmente, seu esqueleto ficou completamente preservado ao longo de 150 milhões de anos. Isso permitiu aos cientistas entender como era seu corpo, seu comportamento e seu voo, algo que teria sido muito difícil se tivessem encontrado apenas alguns ossos, como aconteceu com outras espécies do mesmo período.

Graças ao pterodátilo, foi possível saber que, durante toda a era Mesozoica, o grande grupo de répteis ao qual esse animal pertenceu, os pterossauros, foi o primeiro a voar. Inclusive, isso aconteceu milhões de anos antes que as aves. Assim, tornaram-se os répteis soberanos dos céus na época dos dinossauros.

POR QUE ELE CHAMA A ATENÇÃO

O pterodátilo era um réptil voador. Essa capacidade não está presente em nenhum dos répteis atuais, o que faz com que chame a atenção. No entanto, seu tamanho não era descomunal. Ele era parecido com o tamanho de uma gaivota: entre 69 e 79 centímetros de altura e 1,50 metro de envergadura, que é a distância entre as pontas das asas totalmente abertas.

As mãos do pterodátilo estavam transformadas em asas, muito longas e finas, e seu enorme focinho era repleto de dentes afiados com os quais capturava suas presas, como peixes e pequenos animais terrestres. Embora fosse um réptil, não devemos imaginá-lo como um animal com escamas como os que existem atualmente. O corpo do pterodátilo era coberto por uma camada de pequenos filamentos semelhantes a pelos.

Em sua cabeça havia uma crista de tecido mole cartilaginoso, parecida com a de uma galinha, mas arredondada. Para que servia? Possivelmente, o pterodátilo tenha utilizado sua crista como meio de comunicação, assim como ocorre com alguns animais que convivem conosco e têm essa mesma estrutura. Assim, podiam diferenciar fêmeas de machos, atrair um par, destacar-se entre os outros e até distinguir-se entre eles.

Pterodactylus antiquus
(nome científico)

Alimentação: carnívoro

Tamanho: 69 a 79 centímetros de altura, 1,50 metro de envergadura

Período: Jurássico Superior

Território: Laurásia, atual Europa

Características principais: as mãos e os pés tinham garras, com as quais se agarrava aos galhos das árvores.

Comparação com uma pessoa de 1,80 metro de altura.

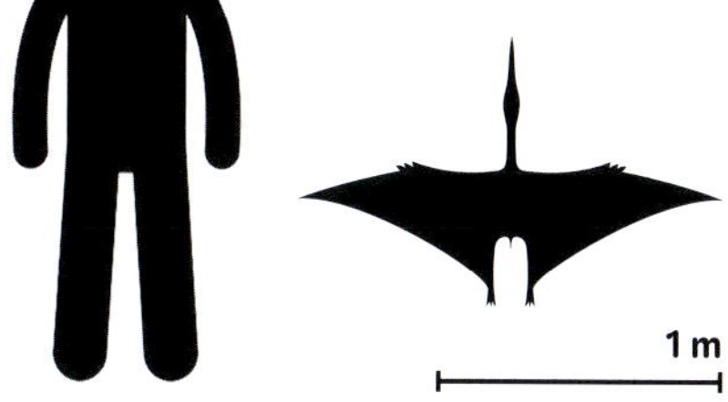

OUTROS RÉPTEIS VOADORES

Neste longo período de 55 milhões de anos chamado Jurássico, viveram outros pterossauros, parentes voadores do pterodátilo. Alguns deles tinham características ainda mais chamativas que as desse réptil.

DIMORPHODON

Este foi um pequeno e antigo pterossauro que viveu na Europa há 200 milhões de anos, no início do Jurássico. O crânio dele era alongado e estreito, e tinha um focinho arredondado, muito diferente do de outros pterossauros. Na boca, havia dois tipos de dentes: alguns grandes e robustos, mais próximos da parte frontal do focinho, e outros posteriores mais curtos. Essa característica deu origem ao seu nome, que significa "duas formas de dentes". A mãos do *Dimorphodon* eram menores que as do pterodátilo, por isso suas asas eram mais curtas. Além do nome, esse animal tinha uma característica muito chamativa, encontrada em seres imaginários como os dragões: uma longa cauda com uma ponta semelhante à de uma lança. Isso provavelmente o ajudava a manter o equilíbrio quando se apoiava nos galhos das árvores.

Dimorphodon macronyx
(nome científico)
Alimentação: carnívoro
Tamanho: 1 metro de altura, 1,5 metro de envergadura
Período: Jurássico Inferior
Território: Laurásia, atual Europa

Características principais: tinha um crânio grande arredondado com dois tipos de dentes pontiagudos.
Comparação: a cauda do *Dimorphodon* era longa e terminava numa espécie de ponta de lança, ao contrário do pterodátilo, cuja cauda era muito curta.

OS DRAGÕES

Em diferentes culturas, existem figuras míticas como os dragões. Embora saibamos que eles não existiram de verdade, vivem em livros, filmes e mundos imaginários. Muitas vezes, quem faz seus desenhos se inspira em criaturas conhecidas que existiram há milhões de anos. Por isso, é possível notar em algumas ilustrações de dragões características típicas dos dinossauros ou dos pterossauros, ou uma mistura dos dois.

ANUROGNATHUS

Esse animal era um pouco maior que uma pomba, mas apresentava um dos crânios mais curiosos de seu grupo. Também não tinha um focinho pontudo como a grande maioria dos pterossauros. A cabeça dele era arredondada e a boca era larga e cheia de pequenos dentes pontiagudos, que o fazia se parecer com um sapo ou uma rã. Por isso recebeu esse nome, que significa "mandíbula de rã".

Os olhos eram muito grandes e ficavam na parte dianteira do crânio, não nas laterais como acontece com outros pterossauros, e apontavam para a frente. Por isso, esse animal tinha uma ótima visão binocular, como a das corujas, que lhe permitia perceber melhor os detalhes e identificar suas presas na escuridão. Além disso, a alimentação do *Anurognathus* era crepuscular, ou seja, ele aproveitava momentos de pouca luz solar, como o amanhecer, o entardecer ou a noite, para caçar suas presas e assim não ser visto por predadores maiores.

Anurognathus ammoni
(nome científico)

Alimentação: carnívoro-insetívoro

Tamanho: 30 a 50 centímetros de envergadura, 20 centímetros de altura

Período: Jurássico Inferior

Território: Laurásia, atual Europa

Características principais: tinha olhos muito grandes, que lhe permitiam ter uma boa visão para caçar no escuro.

Comparação: pela forma da boca e dos dentes, é provável que caçasse insetos em pleno voo em vez de peixes, como fazia o pterodátilo.

NOS OCEANOS JURÁSSICOS

O pterodátilo e seus parentes sobrevoavam mares extensos e oceanos profundos em busca de peixes para se alimentar. Mas que outras criaturas os observavam debaixo d'água?

DAKOSSAURO

Durante o Jurássico, existiu um réptil parecido com o atual crocodilo que, em vez de viver na água e na terra, era exclusivamente aquático. Trata-se do dakossauro, cujo nome significa "lagarto mordedor". As mãos e as patas dele tinham forma de nadadeiras, parecidas com as das focas, e a cauda terminava como a barbatana de um tubarão.

Esse animal enorme era um ótimo caçador. O crânio não era comprido como o dos crocodilos de hoje, se parecia mais com o de um dinossauro carnívoro, como o tiranossauro. As mandíbulas eram repletas de dentes longos e afiados com os quais caçava outros répteis marinhos da época, como os plesiossauros. Além disso, o dakossauro tinha uma habilidade especial: conseguia eliminar o sal marinho que entrava em seu corpo ao beber água ou se alimentar. Isso era possível graças a glândulas localizadas acima dos olhos. Atualmente, essa característica está presente em algumas aves marinhas, como as gaivotas e os albatrozes.

Dakosaurus andiniensis
(nome científico)

Alimentação: carnívoro

Tamanho: 5 metros de comprimento

Período: Jurássico Superior

Território: Gondwana, atual América do Sul

Características principais: foi o maior crocodilo a nadar nos oceanos.

Comparação: embora o dakossauro e o pterodátilo tenham vivido no Jurássico Superior, habitaram continentes diferentes.

CAYPULLISAURUS

Esse animal aquático é um dos maiores de seu grupo, e ficou conhecido graças a um esqueleto com mais de 7 metros de comprimento que foi encontrado completo. Pertence à família dos ictiossauros, que foram os que melhor se adaptaram à vida na água. O nome dessa família significa "peixe-réptil", embora fossem mais parecidos com um tubarão ou um golfinho que com um lagarto.

O *Caypullisaurus* tinha nadadeiras no lugar dos braços e das patas, e a cauda dele se parecia com a de um tubarão. Os olhos eram muito grandes – até maiores que seu cérebro – e, por isso, ele tinha uma visão excelente, que o ajudava a encontrar suas presas em águas escuras ou durante a noite. Além disso, tinha um focinho comprido, parecido com o de um golfinho e, assim como eles, alimentava-se de peixes ou moluscos.

O corpo desse animal era tão adaptado a viver apenas na água que ele não conseguia sair para a terra. Os filhotes se desenvolviam e nasciam do ventre da mãe, como ocorre com as baleias, ou seja, a fêmea não botava ovos como faz a maioria dos répteis.

Caypullisaurus bonapartei
(nome científico)

Alimentação: carnívoro-ictiófago

Tamanho: 7 metros de comprimento

Período: Jurássico Superior

Território: Gondwana, atual América do Sul

Características principais: não botava ovos como outros répteis, os filhotes nasciam do ventre da fêmea.

Comparação: ambos eram répteis, mas apresentavam formas diferentes em seus membros. Enquanto o pterodátilo tinha asas que se estendiam do quarto dedo, o *Caypullisaurus* tinha mais de cinco dedos que formavam nadadeiras maiores e mais resistentes que as das baleias e dos golfinhos atuais.

OS DINOSSAUROS DO JURÁSSICO

Nesse período viveram os dinossauros mais famosos que conhecemos na atualidade: os enormes herbívoros de pescoço longo e os carnívoros mais assustadores. Mas também havia outros animais muito curiosos.

CHILESSAURO

Um dos dinossauros mais curiosos foi o chilessauro, cujo esqueleto parece uma montagem ou um quebra-cabeça com partes de diferentes famílias de dinossauros. Esse animal, assim como o tiranossauro, fazia parte do grupo dos terópodes, que são, na maioria, carnívoros. No entanto, ele tinha uma cabeça pequena com dentes quadrados e sem corte. Isso indicava que, na realidade, ele se alimentava de plantas, e não de carne, como se pensava no começo. Caminhava ereto sobre duas patas, e os braços curtos tinham mãos com apenas dois dedos. Os ossos eram leves, pois em sua estrutura havia grandes cavidades por onde passava ar. Essa é uma característica comum em animais voadores, embora o chilessauro fosse terrestre.

Dessa espécie, foram encontrados muitos filhotes e adultos juntos no mesmo local. Por isso, acredita-se que viviam em grupos ou manadas para se proteger dos predadores. Os paleontólogos ainda discutem com que outro dinossauro esse animal teria relação. Até hoje, é a única espécie conhecida de sua família.

Chilesaurus diegosuarezi
(nome científico)

Alimentação: herbívoro

Tamanho: 4 metros de comprimento

Período: Jurássico Superior

Território: Gondwana, atual América do Sul

Características principais: viviam em grupos ou manadas e, dessa maneira, se protegiam dos predadores.

Comparação: era um animal terrestre, no entanto, os ossos eram leves e tinham grandes cavidades por onde passava ar, semelhantes às das espécies voadoras, como o pterodátilo.

O HERDEIRO DOS CÉUS: O *ARCHAEOPTERYX*

Junto ao pterodátilo, voava um dos primeiros representantes de outro grupo que continuou dominando os céus após a extinção dos pterossauros: o *Archaeopteryx*. É a ave mais antiga que se conhece e o primeiro dinossauro que começou a voar.

As asas eram formadas por penas assimétricas, não muito diferentes das que vemos nas aves atuais, mas esse animal tinha características semelhantes às de seus ancestrais, os dinossauros terrestres. Por exemplo, a boca não formava um bico, ao contrário, estava repleta de pequenos dentes; tinha mãos com garras afiadas e uma longa cauda, com grandes penas em cada lado. Além disso, as pernas tinham penas, como se fossem um segundo par de asas.

A descoberta do *Archaeopteryx* foi importante para entender que os dinossauros são parentes das aves que vivem hoje entre nós.

Archaeopteryx lithographica
(nome científico)

Alimentação: onívoro

Tamanho: aproximadamente 60 centímetros de envergadura

Período: Jurássico Superior

Território: Laurásia, atual Europa

Características principais: tinha penas nas pernas, como se fossem um segundo par de asas.

Comparação: embora compartilhassem a capacidade de voar, o *Archaeopteryx* surgiu 80 milhões de anos depois do primeiro pterossauro. Além disso, as asas tinham penas, e não eram membranosas como as do pterodátilo.

COMO CONHECEMOS O **PTERODÁTILO** HOJE EM DIA

O TRABALHO DOS PALEONTÓLOGOS

Hoje sabemos como era e como vivia o pterodátilo. Mas se esse animal foi extinto há 150 milhões de anos, como podemos conhecê-lo?
Todas as criaturas que um dia habitaram nosso mundo foram deixando pistas de sua presença nas rochas. Essas pistas são os **fósseis**: ossos ou restos deixados pelos animais, preservados nas rochas. Graças ao trabalho dos paleontólogos – cientistas responsáveis por encontrar e estudar os fósseis –, conhecemos os animais que viveram há milhões de anos. A ciência que estuda as vidas passadas por meio dos fósseis é a **Paleontologia**.

AS PEGADAS DO PASSADO

Quando pensamos em fósseis, a primeira coisa que costumamos imaginar são os ossos de dinossauros. No entanto, um fóssil é muito mais que isso: qualquer vestígio ou sinal de um ser vivo ou de sua atividade preservados ao longo do tempo é um fóssil.
Por isso, as pegadas que um animal deixa ao se movimentar, os ovos, e inclusive os excrementos podem ser fósseis. Também podem ser o tronco petrificado de uma árvore, suas folhas ou suas flores carbonizadas.

Os fósseis podem ser muito pequenos, microscópicos, como grãos de pólen ou esporos. Isso significa que os fósseis não são apenas de animais, também podem ser de plantas, flores, vegetais e outros tipos de organismos muito diminutos.
Hoje conhecemos o pterodátilo porque ossos, tecidos moles – como as membranas de suas asas – e os pelos que cobriam seu corpo foram preservados nas rochas por milhões de anos até serem encontrados.

Os **icnitos**, também chamados icnofósseis, são as pegadas que um animal deixa ao caminhar sobre uma superfície macia. Essa marca é preenchida por areia, argila ou outros materiais que se transformam em rocha ao longo do tempo. Os icnitos também são fósseis.

COMO OS FÓSSEIS SÃO RETIRADOS

Os fósseis são retirados do chão com a ajuda de diferentes ferramentas. Para remover materiais grandes, como os ossos de um grande dinossauro de pescoço longo ou o tronco petrificado de uma árvore, os paleontólogos podem utilizar martelos pneumáticos, picaretas e pás. Mas quando precisam retirar algo de forma cuidadosa, como restos de animais pequenos, eles utilizam ferramentas de maior precisão, como cinzéis, espátulas, pincéis e até escovas de dente para desenterrar e limpar a peça.

Uma vez extraídos, os fósseis são transportados ao laboratório, onde o paleontólogo os estuda em detalhes. O profissional analisa suas características e os compara com outros fósseis já descobertos em todo o mundo por outros cientistas. É assim que se pode concluir, por exemplo, que se trata de uma espécie nunca vista antes, e é o paleontólogo quem decide o nome que ela vai receber. Como se fosse uma peça de um grande quebra-cabeça, esses cientistas ajudam a reconstruir a história da vida na Terra a cada fóssil encontrado.

A DESCOBERTA DO PTERODÁTILO

Em 1780, na Alemanha, foram encontrados os restos fósseis de uma criatura nunca vista antes. Era o esqueleto completo de um pequeno animal que tinha um crânio muito grande em relação ao corpo e um focinho alongado e repleto de pequenos dentes. Os braços e as mãos eram muito longos e delicados, com o quarto dedo notavelmente comprido.

O naturalista italiano Cosimo Alessandro Collini foi o primeiro a estudar esse animal e a exibi-lo em seu museu de curiosidades. Ele acreditava que todas as criaturas de tempos antigos vinham dos oceanos. Por isso, pensava que esse animal era aquático e que o dedo longo da mão teria servido para sustentar uma grande nadadeira, muito parecida com a de uma arraia.

DO MAR AO CÉU

A ideia de que o pterodátilo era um animal marinho perdurou por muitos anos. Até que, em 1809, George Cuvier, um renomado anatomista francês, estudou os restos com mais profundidade e fez uma descoberta importante. O fóssil encontrado na Alemanha pertencia a um animal voador, cujas mãos longas, em vez de formar uma nadadeira, sustentavam uma asa membranosa, parecida com a dos morcegos. De fato, as primeiras representações do pterodátilo se assemelhavam bastante a esse animal, e por isso costumavam incluir grandes orelhas.

Finalmente, o mundo entendeu que o pterodátilo era o primeiro representante conhecido de uma nova família de vertebrados voadores: os pterossauros. O nome *Pterodactylus* vem da combinação de duas palavras gregas: *pteron*, que significa "asa", e *daktylos*, "dedo". Não restam dúvidas de que não se tratava de uma nadadeira, mas sim de uma asa sustentada por um único grande dedo.

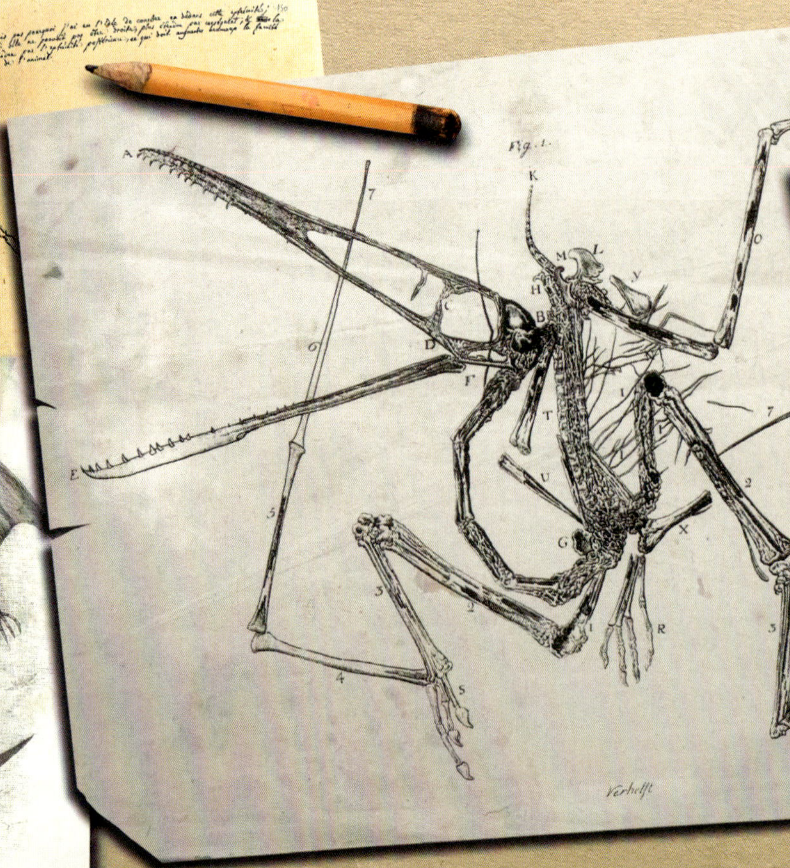

OS MISTÉRIOS DE SOLNHOFEN

Os primeiros vestígios do pterodátilo foram descobertos em Solnhofen, Alemanha, em uma antiga pedreira de rocha calcária. As lajes desse local eram utilizadas como pedras de construção desde tempos remotos. Além disso, serviam para fazer litografias, impressões feitas sobre pedra, precursoras das fotografias.

Durante o trabalho cotidiano, alguns mineiros encontraram, de forma surpreendente, os restos do pterodátilo e de muitas outras criaturas. Ao saber dessas descobertas, os paleontólogos iniciaram as pesquisas que lhes permitiram reconstruir todo o ambiente onde esse réptil viveu.

Acontece que, no Jurássico Superior, havia nesse lugar uma floresta frondosa que, em seu coração, abrigava um grande lago. O pterodátilo sobrevoava a área, entre as árvores. Ao morrer, seu corpo afundou nas profundezas da água, em um ambiente com pouca correnteza e sem microrganismos decompositores. Com o passar do tempo, uma leve chuva de sedimentos finos cobriu lentamente o lago e os animais que ali jaziam. Essas condições permitiram que os restos fossem muito bem preservados. Foi assim que se formaram as rochas da pedreira de Solnhofen, que guardam fósseis extraordinários e, além disso, conservam tecidos moles, como pele, penas e pelos.

Em Solnhofen foram encontradas mais de seiscentas espécies, além do pterodátilo. Entre elas, tartarugas, peixes, insetos e invertebrados aquáticos, o *Compsognathus*, um dos menores dinossauros, e o *Archaeopteryx*, a ave mais antiga de que se tem conhecimento.

ÚLTIMOS DIAS NA TERRA

Hoje sabemos que, no fim da era Mesozoica, a Terra foi atingida por um grande meteorito que causou a extinção em massa dos dinossauros, dos répteis marinhos e dos pterodátilos. No entanto, o pterodátilo já havia sido extinto cerca de 85 milhões de anos antes desse grande evento. Então, por que ele desapareceu?

As espécies podem se extinguir de um momento para outro por diferentes motivos. Diz-se que uma espécie está extinta ou foi extinta quando morre o último exemplar de seu grupo. Na história da Terra, existiram milhões de espécies (entre elas, poucas são conhecidas e muitas desconhecidas) que hoje estão extintas.

O desaparecimento de uma espécie pode ocorrer em razão de uma grande mudança no ambiente, como a redução de temperatura, uma seca intensa, a escassez de alimento ou... a queda de um meteorito! Se o animal não consegue se adaptar a tempo e sobreviver, acaba se extinguindo.

Uma mudança ambiental drástica pode não ser a responsável pela extinção de uma espécie. Também é possível que seus membros mudem lentamente ao longo de muitas gerações, evoluindo para outra espécie, até que finalmente não restem mais integrantes da espécie original.

COMO SABEMOS EM QUE MOMENTO UMA ESPÉCIE FOI EXTINTA

Quando os paleontólogos param de encontrar fósseis de uma espécie nas rochas de um período posterior ao primeiro achado, isso significa que essa espécie se extinguiu. Por exemplo, os restos do pterodátilo aparecem em rochas do Jurássico, mas não há nenhum vestígio desse animal em pedras do Cretáceo.

Por isso, hoje não sabemos com certeza o que causou a extinção do pterodátilo, mas os paleontólogos sabem que ele não chegou a viver no período Cretáceo. No entanto, outros pterossauros prosperaram e viveram durante toda a era Mesozoica.

A QUEDA DO METEORITO

Como vimos, o pterodátilo se extinguiu no fim do Jurássico por razões que ainda são um mistério para os paleontólogos. No entanto, outros pterossauros evoluíram em centenas de espécies de diferentes formas e tamanhos, e foram os senhores dos céus durante o período Cretáceo.

Hoje, os pterossauros não existem mais. Foram um dos muitos grupos de animais que desapareceram com a grande extinção em massa que ocorreu no fim do Mesozoico, há 66 milhões de anos. A catástrofe possivelmente foi causada pelo impacto de um grande meteorito, que alterou a vida na Terra.

Com os pterossauros, também desapareceram os grandes répteis marinhos, como os plesiossauros e os mosassauros, além de quase todos os dinossauros, com exceção de um grupo voador, as aves.

Quando os ecossistemas começaram a se recuperar do impacto do meteorito, as aves encontraram os céus livres dos imensos e temíveis pterossauros. Por isso, há 66 milhões de anos, elas dominam o céu.

O PTERODÁTILO EM **PROFUNDIDADE**

UM VOADOR ASTUTO

O pterodáctilo era um réptil. Isso significa que estava muito aparentado com os crocodilos e os lagartos atuais, que são seus primos bem, bem distantes. No entanto, a maioria dos répteis atuais rasteja, ou seja, arrasta a barriga no chão para se locomover, ou mergulha na água.

Há 200 milhões de anos, apenas alguns animais anfíbios e répteis conseguiam planar entre os galhos das árvores, mas levantar voo era uma habilidade exclusiva do pterodátilo e de seu grupo. Eles foram os primeiros vertebrados a conseguir voar, muito antes das aves e dos morcegos.

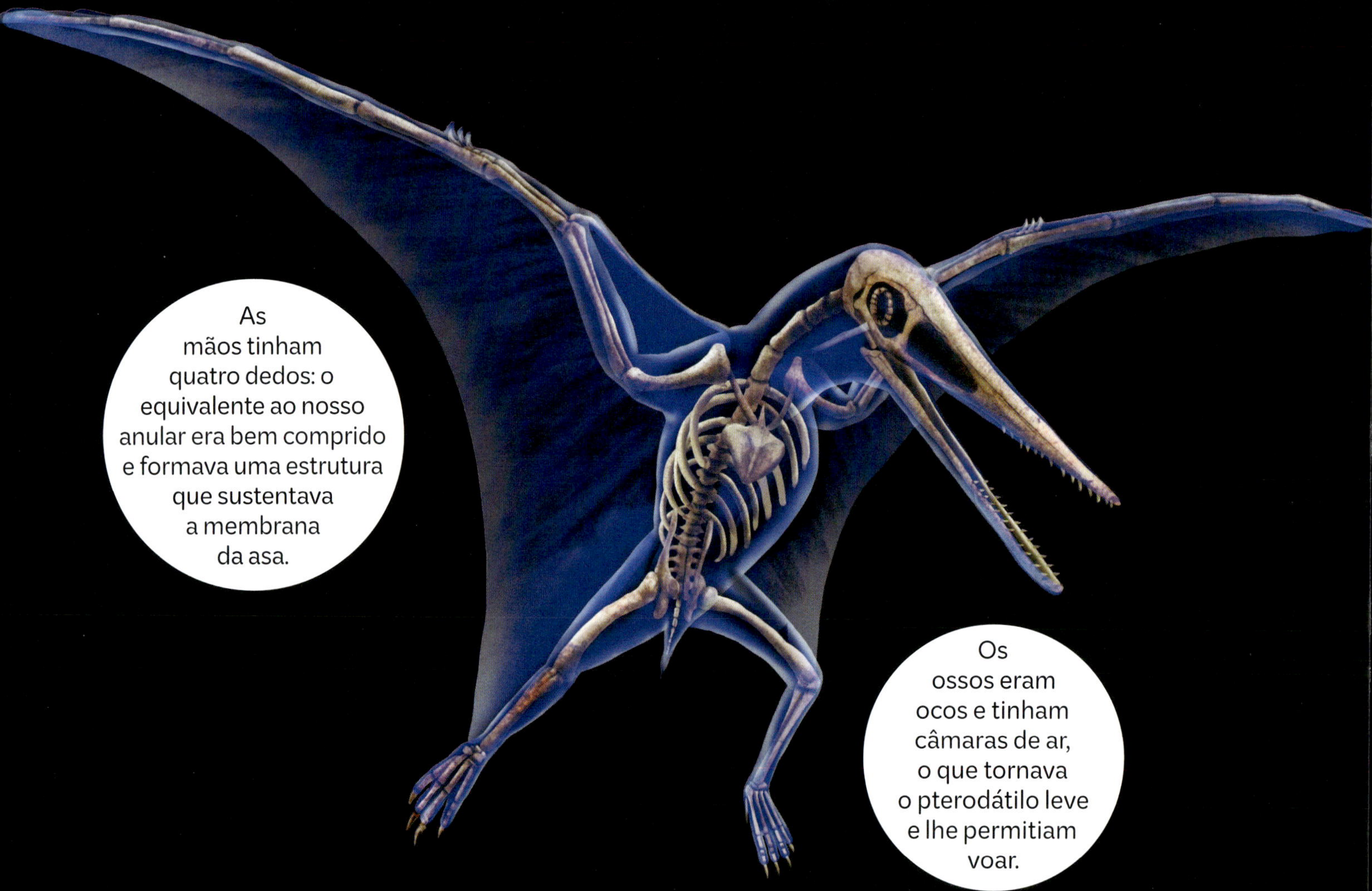

As mãos tinham quatro dedos: o equivalente ao nosso anular era bem comprido e formava uma estrutura que sustentava a membrana da asa.

Os ossos eram ocos e tinham câmaras de ar, o que tornava o pterodátilo leve e lhe permitiam voar.

RÉPTIL, NÃO DINOSSAURO

Os répteis têm as patas posicionadas nas laterais do corpo. Nos dinossauros, elas estão embaixo do corpo. Embora o pterodátilo seja um réptil, por não apresentar essa característica de forma tão marcante, parece mais próximo dos dinossauros. No entanto, o pterodátilo não é um deles, já que não descende do ancestral comum a todos os dinossauros; é, na realidade, um primo distante.

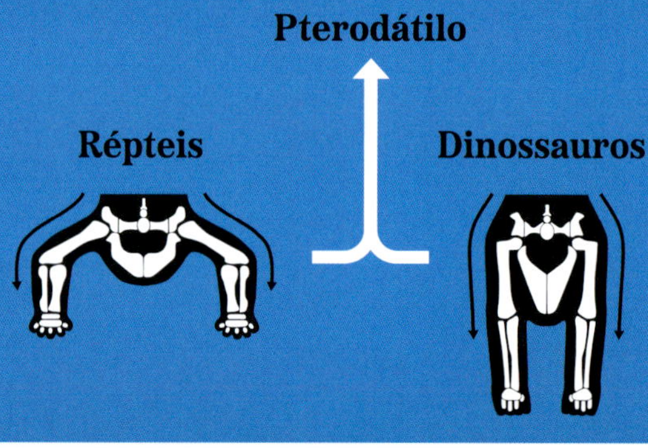

SEU CAMINHAR SOBRE A TERRA

Quando o pterodátilo caminhava sobre as praias lamacentas, deixava suas pegadas marcadas no chão. Como vimos antes, ao longo de milhões de anos, muitas dessas marcas foram preservadas e se transformaram no que hoje conhecemos como icnitos, ou seja, rastros deixados por um organismo em rochas e sedimentos.

Com base nessas marcas, os paleontólogos conseguiram observar como o pterodátilo se deslocava sobre a terra. Por isso, os pesquisadores acreditam que seu modo de andar era semelhante ao dos morcegos. Ou seja, ele apoiava as patas e as mãos no chão e recolhia as asas nas laterais do tronco para se mover sobre o solo.

O CONQUISTADOR DOS CÉUS

Os pterossauros, família à qual pertence o pterodátilo, foram os primeiros a desenvolver a capacidade de voar, muito antes que as aves. Para isso, seus corpos adotaram características especiais ao longo de milhões de anos de evolução, o que lhes permitiu dominar os céus. Vejamos quais eram as características desse réptil.

O corpo estava coberto com **filamentos** semelhantes a pelos, chamados picnofibras.

A **membrana da asa** se estendia da ponta do quarto dedo aos membros posteriores. Essa estrutura era semelhante à que os morcegos têm hoje.

SUA REPRODUÇÃO

Os cientistas ainda têm poucos indícios sobre a reprodução dos pterodátilos. Embora tenham descoberto exemplares jovens dessa espécie, do tamanho de uma gaivota, ainda não sabem ao certo em que se diferenciavam dos adultos. No entanto, os pesquisadores se embasaram nas informações que havia sobre outros pterossauros para entender seu comportamento. Por isso, acreditam que eram ovíparos, ou seja, que botavam ovos. Eles tinham forma ovalada e casca mole, semelhantes aos das serpentes atuais, mas muito diferentes dos ovos das aves, que têm casca dura.

Na China, os paleontólogos descobriram, em uma mesma área, ninhos de pterossauros com restos de ovos e filhotes de diferentes idades. Assim, os pesquisadores concluíram que eles faziam seus ninhos no mesmo lugar, todos os anos. Esse comportamento é parecido com o das aves marinhas atuais, como as gaivotas e os albatrozes.

O DESENVOLVIMENTO DOS FILHOTES

Uma das características mais incríveis dos filhotes de pterossauro é que, assim que saíam da casca, muitos deles já contavam com asas prontas para voar e não precisavam de dias para aprender, como ocorre com as aves atuais. As asas dos filhotes mediam de 20 a 30 centímetros de envergadura, enquanto as de um adulto chegavam a um metro.

Outra característica presente em alguns pterossauros é que não dependiam de suas mães para sobreviver e podiam buscar o próprio alimento. Dessa forma, conseguiam ter uma rápida autonomia que lhes permitia explorar o território e se alimentar do que encontrassem, como peixes ou pequenos invertebrados, sem depender de seus pais.

SEUS ANCESTRAIS

Durante muitos anos, os cientistas buscaram responder quem eram os ancestrais dos pterossauros, grupo ao qual também pertence o pterodátilo. Essa incógnita se manteve até que alguns indícios foram encontrados recentemente.

Paleontólogos da Argentina e do Brasil descobriram restos de répteis de um grupo mais antigo: os **lagerpetídeos**. Essa espécie habitou a América do Sul no fim do período Triássico, milhões de anos antes do primeiro pterodátilo. À medida que os paleontólogos foram descobrindo novos restos, perceberam que os lagerpetídeos tinham características semelhantes às dos primeiros pterossauros. Algumas semelhanças são dentes com pequenas pontas ou bicos, membros com ossos longos e finos e, sobretudo, mãos com o quarto dedo mais longo que os demais.

Por isso, concluíram que os lagerpetídeos são parentes dos pterossauros e fazem parte de um grande grupo chamado *Pterosauromorpha*.

Os lagerpetídeos se locomoviam sobre duas patas, corriam ou escalavam e se alimentavam de insetos, plantas e outros animais. Mas, diferentemente dos pterossauros, eram incapazes de voar.

SUA EVOLUÇÃO

O pterodátilo foi o primeiro pterossauro encontrado pelos paleontólogos. No entanto, não foi o único. Hoje se sabe que essa família de répteis está composta de centenas de espécies e provavelmente ainda faltam muitas a serem descobertas.

Os pterossauros dominaram os céus por mais de 150 milhões de anos, durante quase toda a era Mesozoica, e habitaram todos os continentes, incluindo a Antártida, que era coberta por florestas naquele período.

Os primeiros pterossauros eram bastante diferentes do pterodátilo: por exemplo, os ossos das mãos eram mais curtos e, por isso, as asas também. As caudas eram muito longas e finas, e eles eram menores. No entanto, durante o Cretáceo, algumas espécies desse grupo alcançaram dimensões impressionantes. O *Quetzalcoatlus*, por exemplo, tinha 12 metros de envergadura e 4 metros de altura. Além de aumentar de tamanho, os pterossauros, ao longo de milhões de anos, evoluíram para se adaptar a novos ambientes e aperfeiçoar sua capacidade de voar. Os ossos do crânio se fundiram, a forma do esterno e dos ombros tornou-se parecida com a das aves atuais, e a cauda ficou mais curta, semelhante à de um morcego.

Além disso, muitas espécies perderam completamente os dentes. Isso ocorreu por causa de uma mudança na alimentação e na forma de capturar as presas: já não era necessário ter dentes para despedaçá-las e mordê-las, pois podiam engoli-las de uma só vez.

A modificação da boca deu origem a famílias de pterossauros com estruturas mais parecidas com aquelas que as aves desenvolveram muito tempo depois, como o bico.

O *Quetzalcoatlus* foi um dos vários pterossauros extintos com a queda do meteorito há 66 milhões de anos.

A FAMÍLIA DOS PTEROSSAUROS

Como vimos, o pterodátilo foi um integrante do grande grupo dos pterossauros, que conquistaram os céus durante todo o Mesozoico. Ao longo desse extenso período de 180 milhões de anos, esses répteis evoluíram e mudaram seus tamanhos e formas.

Pterosauromorpha

Lagerpeton: era pequeno e bípede; acredita-se que, dentro da família à qual pertence, os lagerpetídeos, esteja o ancestral dos pterossauros.

Pterosauria

Rhamphorhynchoidea

São os mais antigos, com caudas longas e dentes afiados.

Dimorphodon: tinha uma cabeça grande, além de dentes e garras que lhe permitiam agarrar-se nos galhos das árvores.

Rhamphorhynchus: sua longa cauda, terminada em uma estrutura em forma de losango, lhe dava estabilidade durante o voo.

Pterodactyloidea

São os mais modernos e têm caudas curtas, asas longas e corpos maiores.

***Pterodactylus* ou pterodátilo:** foi a primeira espécie conhecida. Tinha uma envergadura de 1,5 metro e dentes afiados para capturar pequenas presas.

TRIÁSSICO	JURÁSSICO
INICIOU HÁ 250 MILHÕES DE ANOS. APARECEM OS PRIMEIROS PTEROSSAUROS, QUE ERAM DE PEQUENO PORTE E TINHAM ASAS MEMBRANOSAS SUSTENTADAS POR UM QUARTO DEDO ALONGADO.	**INICIOU HÁ 200 MILHÕES DE ANOS.** DURANTE ESSE PERÍODO, OS PTEROSSAUROS PASSARAM POR MUITAS MUDANÇAS. SURGIRAM ESPÉCIES MAIORES E COM CARACTERÍSTICAS BASTANTE DISTINTAS ENTRE SI, COMO O FORMATO DO FOCINHO OU DOS OLHOS. TAMBÉM OCORREU A EXTINÇÃO DE ALGUMAS ESPÉCIES, COMO O PTERODÁTILO.

COMO LER ESTA ÁRVORE

O esquema apresentado nestas páginas é chamado **árvore evolutiva** ou **filogenética** e serve para mostrar as relações entre os integrantes que formam um grupo ou família de animais ao longo das gerações. Quando os ramos da árvore se conectam entre si, significa que essas espécies estão mais aparentadas que outras. Se olharmos para a base do tronco, encontraremos o antepassado comum mais antigo de toda essa grande família.

Na árvore destas páginas, podemos ver que, dentro dos pterossauros (o ramo lilás), é possível reconhecer os *Rhamphorhynchoidea* (os ramos azul-claros), que são os mais antigos, com caudas longas e dentes afiados; e os *Pterodactyloidea* (os ramos cor-de-rosa), que são os mais modernos, com caudas curtas e tamanho maior, e muitos deles perderam os dentes e têm bico. Esse último ramo foi o que continuou evoluindo até o Cretáceo. O ramo azul-claro se extinguiu muito tempo antes.

Na base da árvore, estão os lagerpetídeos (o ramo verde), que são como os primos próximos dos pterossauros e ambos pertencem ao grupo *Pterosauromorpha*.

Pteranodon: alcançou 6 metros de envergadura. Os machos tinham uma crista óssea alongada no crânio, enquanto nas fêmeas ela tinha a forma de um pequeno capacete.

Thanatosdrakon: tinha uma envergadura de 9 metros e um enorme crânio aerodinâmico que facilitava o voo.

Tapejara: tinha cristas enormes e chamativas, possivelmente para se distinguir entre indivíduos da mesma espécie, com uma envergadura entre 3 e 4 metros.

CRETÁCEO

INICIOU HÁ 145 MILHÕES DE ANOS.
NESSE PERÍODO, OS PTEROSSAUROS ATINGIRAM SUA MAIOR DIVERSIDADE E TAMANHO. PORÉM, NO FIM DESSA ERA, FORAM EXTINTOS, ASSIM COMO MUITOS OUTROS ANIMAIS, DEVIDO À QUEDA DE UM GRANDE METEORITO QUE MODIFICOU AS CONDIÇÕES DE VIDA NO PLANETA.

TRIVIADÁTILA

Com base em todas as informações que você leu neste livro, complete os seguintes desafios para se tornar um especialista em pterodátilos.

1) Pterograma

Leia as definições e complete cada espaço.

1. **P** ___ ___ ___ ___ ___ ___ ___ ___ ___ ___ ___

2. ___ ___ ___ ___ **T** ___

3. ___ **E** ___ ___ ___ ___

4. ___ ___ ___ ___ **R** ___ ___ ___ ___

5. ___ **O** ___ ___

6. **D** ___ ___ ___

7. ___ ___ ___ **Á** ___ ___ ___ ___ ___

8. **T** ___ ___ ___ ___ ___ ___ ___ ___

9. ___ ___ ___ **I** ___ ___ ___

10. **L** ___ ___ ___ ___ ___ ___ ___

11. **O** ___ ___ ___ ___ ___ ___ ___

1) Família de répteis voadores à qual pertence o pterodátilo.
2) Parte superior da cabeça de tecido mole e cartilaginoso.
3) Alimento que os pterodátilos capturavam no mar.
4) Tecidos que constituíam as asas do pterodátilo.
5) Capacidade que o pterodáctilo e seu grupo, os pterossauros, tinham e que lhes permitiu conquistar o céu.
6) Parte da mão da qual pendia a asa do animal.
7) Período em que viveu o pterodátilo.
8) Nome do primeiro período da era Mesozoica.
9) Parte saliente da face do pterodátilo que inclui a boca e o nariz.
10) Continente habitado pelo pterodátilo até sua extinção no fim do Jurássico.
11) Grupo de animais que botam e nascem de ovos, como os pterodátilos.

2) Diferencie e assinale

2.1 Como era o mundo em que vivia o pterodátilo? Marque com um **X** a opção correta.

A)

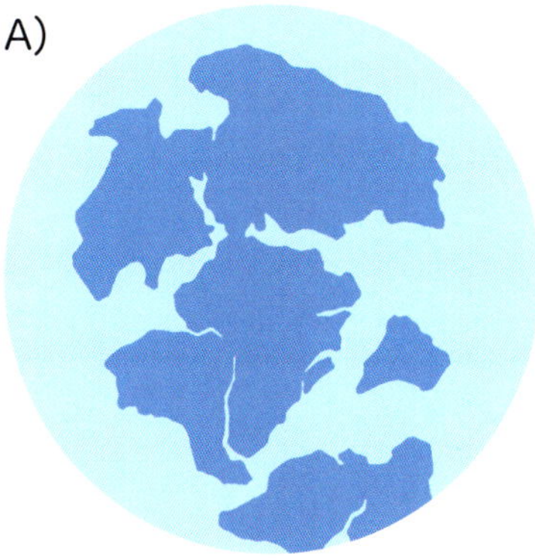

B)

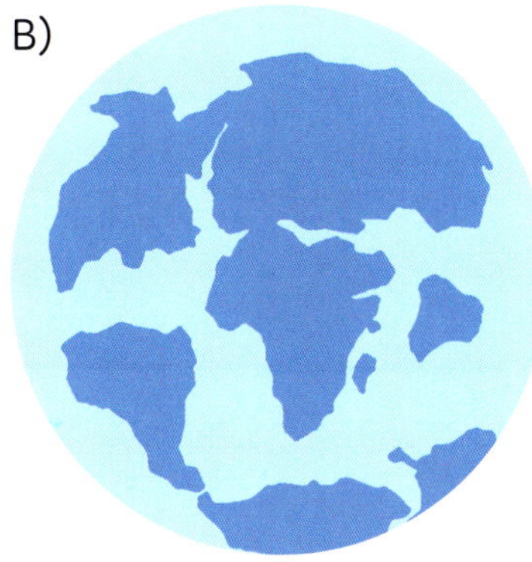

C)

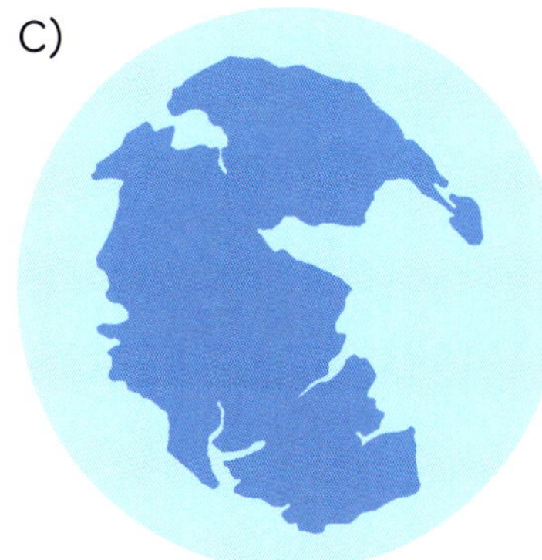

2.2 Escreva os nomes de cada movimento de placas e indique qual deles causou a separação dos continentes.

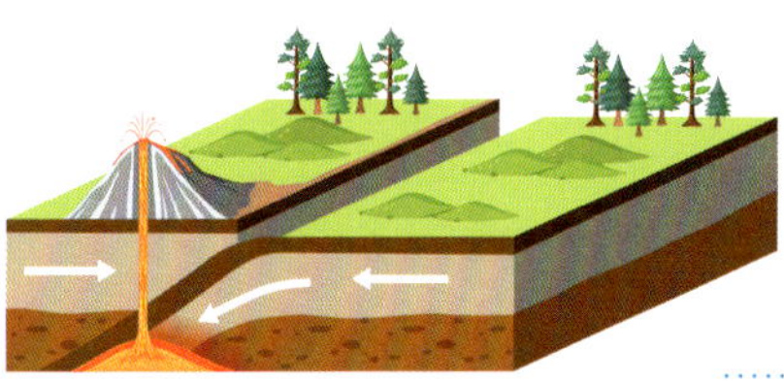

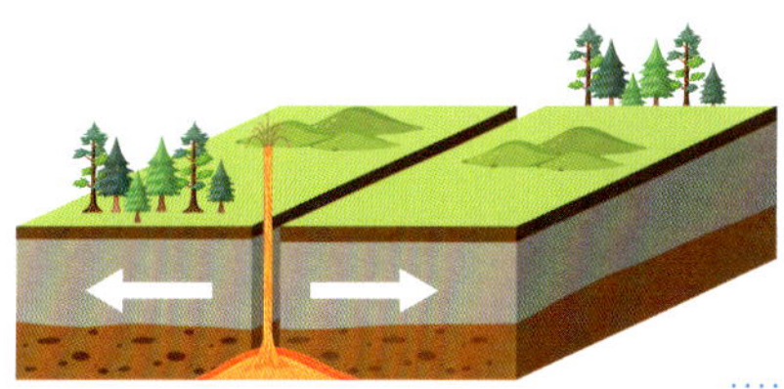

3) Marque verdadeiro (V) ou falso (F) nas seguintes afirmações a respeito do pterodátilo.

a) Encontraram-se esqueletos completos e bem conservados, o que ajudou a conhecer melhor esse animal.

b) Foi extinto no Cretáceo, com a queda do meteorito.

c) Pertence ao primeiro grupo de répteis que teve a capacidade de voar.

d) Sua alimentação era exclusivamente herbívora.

e) Tinha dentes afiados que lhe permitiam capturar suas presas.

4) Informações misturadas

Nas fichas a seguir, foram misturadas as informações correspondentes a cada réptil. Marque com **D** as características que pertencem ao *Dimorphodon* e com **A** as do *Anurognathus*.

DIMORPHODON

- A cauda terminava em forma de lança e lhe permitia manter o equilíbrio. [ ]
- Seu nome significa "mandíbula de rã". [ ]
- O focinho era arredondado. [ ]
- As mãos e as asas eram mais curtas que as do pterodátilo. [ ]

ANUROGNATHUS

- Seu nome significa "duas formas de dentes". [ ]
- A visão noturna era excelente graças ao tamanho de seus olhos e à posição deles na frente do crânio. [ ]
- Podia caçar insetos no escuro. [ ]
- O crânio era alongado e estreito. [ ]

5) Caça-palavras

Encontre 6 nomes de animais mencionados no livro.

N	C	A	R	C	H	A	E	O	P	T	E	R	Y	X	D	S	A
C	H	R	N	F	U	J	V	O	H	B	U	X	Z	O	A	X	E
D	I	M	O	R	P	H	O	D	O	N	I	N	F	L	K	T	S
R	L	L	X	U	Q	E	C	G	U	I	B	D	K	C	O	I	O
N	E	A	L	Y	O	N	T	L	L	O	G	K	A	A	S	N	Z
I	S	U	D	I	O	K	A	V	A	S	Y	I	O	N	S	C	F
S	S	T	I	Z	S	E	F	U	O	Q	T	U	D	E	A	I	I
O	A	P	A	M	A	N	U	R	O	G	N	A	T	H	U	S	C
R	U	O	N	T	I	G	E	D	T	E	X	L	L	K	R	N	O
W	R	S	A	T	R	I	W	Q	U	I	O	U	F	B	O	I	L
O	O	C	A	Y	P	U	L	L	I	S	A	U	R	U	S	I	P

6) Observe e diferencie

Escreva os nomes destes animais e sublinhe na lista apenas as características que eles têm em comum.

A)

NOME: _______________________

- Viveu no Jurássico Superior.
- Não botava ovos.
- Habitava Gondwana, atual América do Sul.
- Tinha olhos grandes e uma excelente visão.
- Vivia na água.
- A cauda terminava como uma barbatana de tubarão.
- Era carnívoro.
- Tinha mãos com formato de nadadeiras de foca.

B)

NOME: _______________________

7) Quais peças correspondem?

Identifique quais partes pertencem à imagem e escreva nos quadrinhos o número correspondente à sua localização.

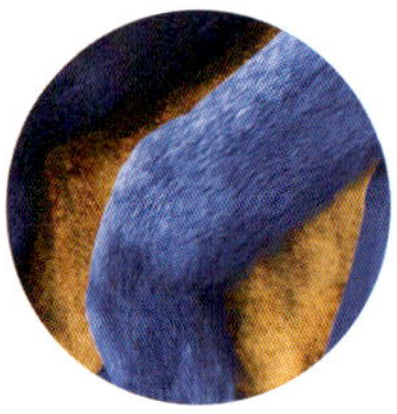

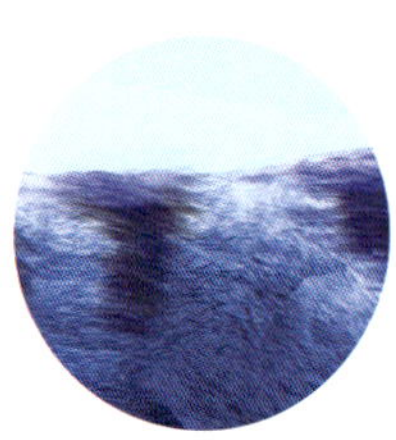

8) A família dos pterossauros

Nas linhas pontilhadas, escreva o nome de cada um destes membros da família dos pterossauros. Depois, numere-os do mais antigo ao mais moderno, escrevendo o número nos quadros correspondentes.

Pterodactylus - Rhamphorhynchus - Lagerpeton – Pteranodon

RESPOSTAS

1)

1. Pterossauros
2. Crista
3. Peixes
4. Membranas
5. Voar
6. Dedo
7. Jurássico
8. Triássico
9. Focinho
10. Laurásia
11. Ovíparos

2)

2.1 A **(X)**

2.2 Convergência / Divergência **(X)** / Transcorrência

3)

a) Verdadeiro.

b) Falso. Ele foi extinto no Jurássico, 88 milhões de anos antes da queda do grande meteorito.

c) Verdadeiro.

d) Falso. Eles se alimentavam principalmente de peixes.

e) Verdadeiro.

4)

Dimorphodon: D / A / D / D

Anurognathus: D / A / A / D

5)

N	C	A	R	C	H	A	E	O	P	T	E	R	Y	X	D	S	A
C	H	R	N	F	U	J	V	O	H	B	U	X	Z	O	A	X	E
D	I	M	O	R	P	H	O	D	O	N	I	N	F	L	K	T	S
R	L	L	X	U	Q	E	C	G	U	I	B	D	K	C	O	I	O
N	E	A	L	Y	O	N	T	L	L	O	G	K	A	A	S	N	Z
I	S	U	D	I	O	K	A	V	A	S	Y	I	O	N	S	C	F
S	S	T	I	Z	S	E	F	U	O	Q	T	U	D	E	A	I	I
O	A	P	A	M	A	N	U	R	O	G	N	A	T	H	U	S	C
R	U	O	N	T	I	G	E	D	T	E	X	L	L	K	R	N	O
W	R	S	A	T	R	I	W	Q	U	I	O	U	F	B	O	I	L
O	O	C	A	Y	P	U	L	L	I	S	A	U	R	U	S	I	P

6)
A) Dakossauro
B) Caypullisaurus

- Viveu no Jurássico Superior.
- Habitava Gondwana, atual América do Sul.
- Vivia na água.
- A cauda terminava como uma barbatana de tubarão.
- Era carnívoro.

7)

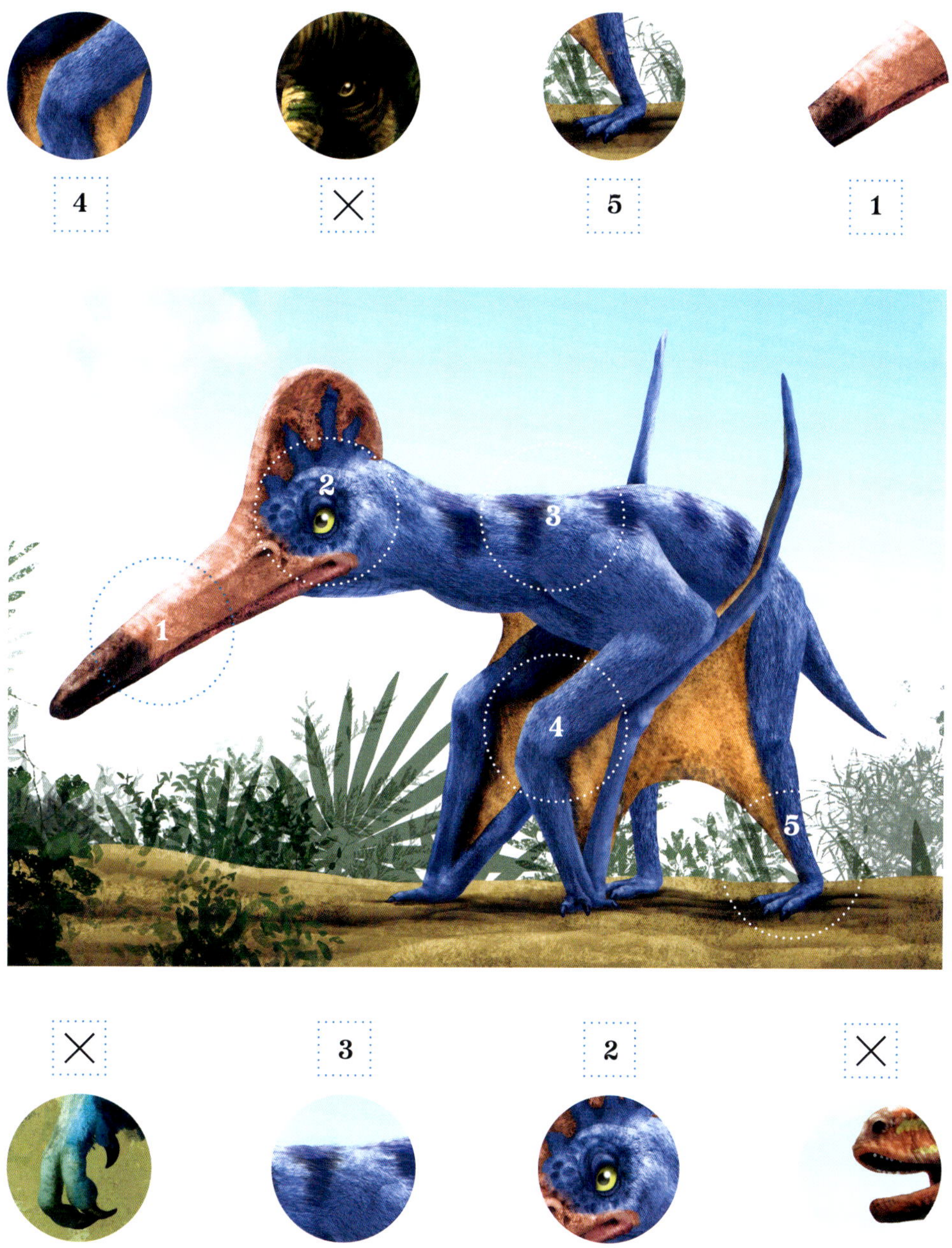

8)

Rhamphorhynchus (2)

Pterodactylus (3)

Pteranodon (4)

Lagerpeton (1)

Créditos das imagens:

p. 11, 57: diagramas de movimentos de placas © brgfx em Freepik; p. 11: camadas da Terra © Freepik; p. 14: ícone de samambaia © Freepik; p. 14: ícone de ginkgo © Freepik; p. 15: ícone de rã © Freepik; p. 15: ícone de *Argentoconodon* © brgfx / Freepik; p. 32: ilustração antiga de pterodátilo © *Pterodactylus antiquus* por Jean Hermann de Estrasburgo, enviado a George Cuvier em 1800. Taquet, P., y Padian, K. (2004). "The earliest known restoration of a pterosaur and the philosophical origins of Cuvier's Ossemens Fossiles." Comptes Rendus Palevol, 3(2): 157-175; p. 32: ilustração antiga de pterodátilo © Reconstrução dos pterodátilos como marsupiais voadores pelo naturalista inglês Edward Newman em 1843. A figura superior representa o *Pterodactylus crassirostris*; a inferior, o *Pterodactylus brevirostris*. Wellnhofer, P.; 2009: *A short history of pterosaur research*, Zitteliana 29, p. 7-19; p. 32: gravura antiga de pterodátilo © Gravura em cobre por Egid Verhelst II, do espécimen original fóssil de *Pterodactylus antiquus*, 1784. Agora na coleção do Eleitor Palatino em Mannheim, Alemanha. Descrição do naturalista italiano Cosimo A. Collini no título *Sur quelques zoolithes du cabinet d´histoire naturelle de S.A.S.E. palatine et de Baviere, à Mannheim* incluído na Acta Academiae Theodoro-Palatinae, vol. 5 Phys., Mannheim, 1784, p. 58-71; p. 32: retrato de Georges Cuvier © Retrato (gravura) de Georges Cuvier. *Grabados de retratos de hombres y mujeres de la ciencia y la tecnología en la Biblioteca Dibner*. Autor: James Thomson (1789-1850); p. 32: retrato de Cosimo Alessandro Collini © Naturalista italiano Cosimo Alessandro Collini (1727-1806). Século XVIII. Wellnhofer, P.; 2009: *A short history of pterosaur research*, Zitteliana 29, p. 7-19; p. 33: ilustração antiga de Solnhofen © "Geographisch-historisches Handbuch von Bayern". GOETZ, Wilhelm - of Munich Shelfmark: "British Library HMNTS 10256.h.14." Volume: 02. Página: 287. Munich, 1895. Identificador: 001449415; p. 33: mapa © Rizzi Zannoni, Giovanni Antonio Bartolomeo, 1736-1814. 1780. *L'Alemagne divisee par cercles. Par Mr. Rizzi Zannoni de la Societe Royale de Gottingue, proff esseur de geographie.* A Paris, Chez Lattre Graveur, rue St. Jacques, pres la Fontaine St. Severin a la Ville de Bordeaux. Avec privil. du Roy. (178-?). List No. 2612.031. Page No. 13. Series No. 36. Bonne, Rigobert, 1727-1794; Lattre, Jean. Pub Date: 1791; p. 33: ilustração antiga de Solnhofen © *Die Gartenlaube*, Illustrirtes Familienblatt. Editor: Ernst Keil. Imagem da página 28. Leipzig, 1865. BSB München (part 1), (part 2) y Google Books (part 2); p. 33: ilustração antiga de Solnhofen © Cantera em Solnhofen (litografia). Século XIX; p. 33: ilustração antiga de Solnhofen © Vista de Solnhofen e representação da produção de placas litográficas (litografia). Século XIX.